AF283522

Carla Gregori Jiménez
Mónica Jiménez Femenía

APULEYO EDICIONES   FOMENTO DE VALORES   CUENTOS ILUSTRADOS

VILLA APATÍA

Y LOS NIÑOS QUE NUNCA LEÍAN

APULEYO EDICIONES   FOMENTO DE VALORES   CUENTOS ILUSTRADOS

Cuentan que Villa Apatía era un pueblo donde las calles estaban vacías y silenciosas. En Villa Apatía, el sol no se atrevía a asomar sus rayos entre las nubes que cubrían de tristeza el pueblo.

Con el sonido de la sirena de la escuela, los niños empezaban a salir callados, cabizbajos y tan encorvados que parecían arrastrar los brazos por el suelo.

Tan pronto llegaban a casa, dejaban caer el abrigo y la mochila en el suelo y se zambullían en el sofá, dispuestos a ver sus dibujos favoritos. Cuando apagaban el televisor, estiraban el brazo para coger su móvil y, deslizando el dedo de una aplicación a otra, agotaban su batería. Pero aún tenían la tablet para seguir deslizando dedo arriba, dedo abajo, en lugar de levantarse del sofá para hacer los deberes.

Sus padres estaban muy preocupados, pero no sabían qué hacer al respecto.
Una mañana, Luis, harto de ver a su hijo Pablo desperdiciar el tiempo frente todo tipo
de pantallas, decidió tomar cartas en el asunto.

Se acercó al consultorio médico para hablar con la señora Fancy, la doctora del pueblo. Cuando Luis explicó lo que estaba sucediendo, Fancy frunció el ceño y seguidamente abrió un cajón de su mesa de donde sacó un bote lleno de píldoras.

Eran unas píldoras muy curiosas, tenían forma de letras.

Luis no entendía nada. No veía cómo esas píldoras pudieran solucionar el problema. En ese momento, la señora Fancy abrió el bote y, como si las letras cobraran vida propia, salieron del interior del bote formando un pequeño remolino en el aire.

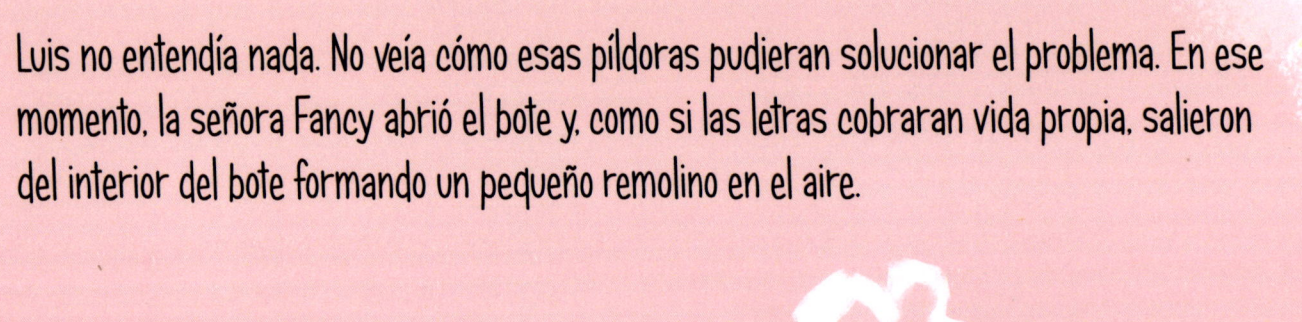

Luis, boquiabierto, no podía creer lo que estaba viendo cuando, de repente, Fancy dio un golpe fuerte con el puño sobre la mesa y todas las letras cayeron sobre la misma, levantando una pequeña nube de polvo tras la cual apareció un libro.

Por un segundo, Luis quiso salir corriendo, pero la curiosidad pudo más que el miedo y allí se quedó, de pie, sin poder decir palabra. Entonces, Fancy le dio el libro y le dijo:

—Cuando llegues a casa, dale este libro a tu hijo y vuelve dentro de diez días para comentarme cómo van las cosas.

Luis, perplejo, cogió el libro y se marchó de la consulta. Al llegar a casa, tal y como le había dicho Fancy, le dio el libro a su hijo.

Pablo, que estaba inmerso en un juego de su tablet, no le hizo demasiado caso. De repente, la tapa del libro empezó a destellear y se abrió.

Las hojas empezaron a pasar solas, despertando así la curiosidad de Pablo, quien, intrigado, se acercó al libro.

Leyó la primera página a pesar de que no le gustaba leer, pero, al ver que el libro era corto, siguió leyendo hasta que oyó la voz de su padre:

—¡Pablo, a la ducha!

Al dejar el libro se dio cuenta de algo extraño. No había avanzado ni una sola página a pesar de haber estado toda la tarde leyendo. Lo que Pablo no sabía es que el libro era mágico y cuando una historia terminaba, empezaba otra nueva.

Pablo no comprendía la fuerza de aquel libro, que lo empujaba a seguir leyendo. Estaba tan fascinado que decidió llevárselo a la escuela para mostrarlo a sus amigos y compañeros.

¿Podéis imaginar cómo estaba la consulta de la señora Fancy al día siguiente? Se llenó de padres que querían libros para sus hijos como el de Pablo. Estaba tan llena que no cabía ni una mosca.

Ahora las calles de Villa Apatía seguían vacías, pero, en esta ocasión, los niños estaban en sus habitaciones, leyendo cuentos e historias extraordinarias que no terminaban nunca; a cada cual más apasionante. Desconectando totalmente del mundo real para pasar las tardes y tardes inmersos en las aventuras que aquel libro mágico les iba mostrando.

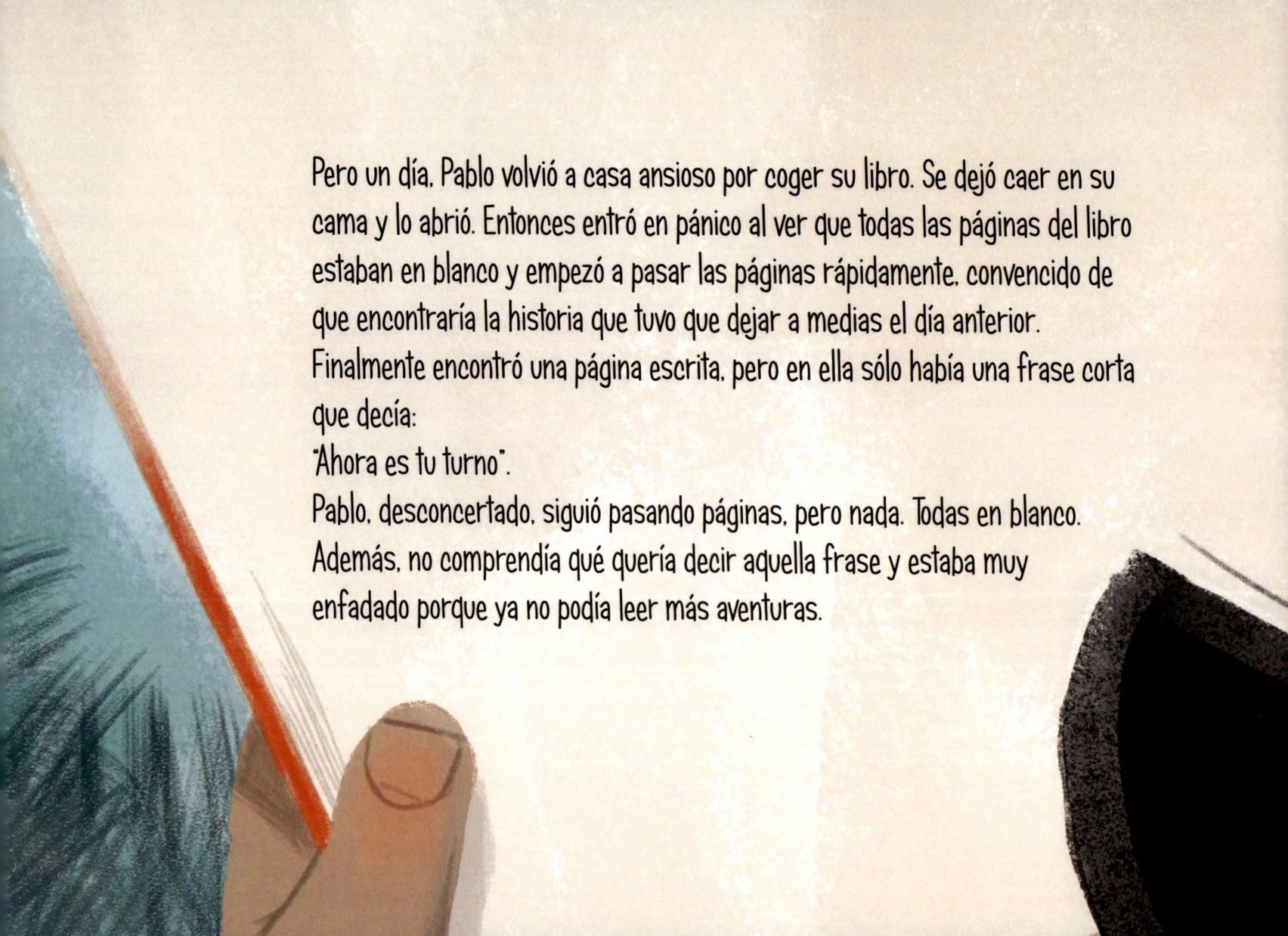

Pero un día, Pablo volvió a casa ansioso por coger su libro. Se dejó caer en su cama y lo abrió. Entonces entró en pánico al ver que todas las páginas del libro estaban en blanco y empezó a pasar las páginas rápidamente, convencido de que encontraría la historia que tuvo que dejar a medias el día anterior. Finalmente encontró una página escrita, pero en ella sólo había una frase corta que decía:

"Ahora es tu turno".

Pablo, desconcertado, siguió pasando páginas, pero nada. Todas en blanco. Además, no comprendía qué quería decir aquella frase y estaba muy enfadado porque ya no podía leer más aventuras.

En ese momento sonó el timbre de casa y poco después la voz de su padre:

—¡Pablo, te han venido a buscar!

"¡Qué extraño!, nunca ha venido nadie a mi casa preguntando por mí", pensó. Se deslizó escaleras abajo y al abrir la puerta vio a todos sus amigos y compañeros de la escuela. Todos traían su libro y todos estaban igual de disgustados que él porque, al igual que en su libro, las páginas estaban en blanco. A excepción, claro está, de la dichosa frase que nadie parecía entender.

No sabían qué hacer y se sentaron en el borde de la acera, callados y pensativos. Después de un buen rato en silencio Pablo dijo:

—¿Vosotros habéis leído el cuento del Dragón mellado que, en lugar de escupir fuego, escupía purpurina de colores cuando estaba enfadado?

—¿Y el del Gato que no sabía caer de pie? —dijo otro.

—A mí, la historia que más me gustó fue la de la loba que criaba cerditos, ¿lo habéis leído? —dijo otra niña.

Poco a poco se animaron y empezaron a hablar de las historias que habían leído hasta que uno de ellos hizo una propuesta:

—Venga, Pablo, ¿jugamos? Tú haces de dragón y yo hago de gato.

—¡Genial!, ¿pero y los demás? —dijo Pablo.

—¡Oid! ¿Y si dibujamos un personaje y los demás deben adivinar a qué cuento pertenece? —dijo otro.

—¡Síííííí! ¡Qué buena idea! —gritaron todos.

Sus padres, que estaban tranquilamente en casa preparando la merienda, oyeron mucho alboroto fuera y, al salir, no daban crédito a lo que veían sus ojos: todos los niños estaban jugando.

Desde aquel día, todas las tardes salían a la calle a jugar y por fin comprendieron lo que aquella frase les quería decir. Vieron que eran capaces de crear sus propias historias a través del juego y que a su vez el juego se nutría de las historias que habían leído.

Tal y como Fancy le pidió a Luis, a los diez días volvió a la consulta y no tuvo más que palabras de agradecimiento.

Gracias a sus libros mágicos, Villa Apatía volvía a tener las calles llenas de niños jugando.

Cuentan que abrieron una biblioteca municipal para que todos pudieran seguir teniendo un espacio tan lleno de historias maravillosas como en aquel libro infinito.

Y además, esto es verdad, no miento, como me lo contaron te lo cuento, cambiaron el nombre del pueblo por el de Villa Fantasía, donde los niños, en lugar de ver pantallas, por fin leían.

©Mónica Jiménez Femenía (de la obra)
©Apuleyo Ediciones (de esta edición)
Primera edición en Apuleyo Ediciones: octubre 2024
Diseño de cubierta: Sofía Corzo González
Corrección: Aitor Andreu Guerrero
Maquetación: Ernesto Pérez Martínez
Ilustraciones: María Margarita Reyes Bello
Coordinación editorial: Isidoro Cidre González
info@apuleyoediciones.com
www.apuleyoediciones.com
ISBN: 978-84-1060-124-6
Depósito legal: H 78-2024

Hecho e impreso en España.

VILLA APATÍA

Y LOS NIÑOS QUE NUNCA LEÍAN

APULEYO EDICIONES   FOMENTO DE VALORES   CUENTOS ILUSTRADOS

Carla Gregori Jiménez
Mónica Jiménez Femenía

APULEYO EDICIONES   FOMENTO DE VALORES   CUENTOS ILUSTRADOS